Cinquante-deux reflets
par
Pierre Thiry

Pierre Thiry est également l'auteur de

Nouvelles
Valse froide (BoD 2022)

Romans
Ramsès au pays des points-virgules BoD 2009
(fiction fantaisiste pour lecteurs de dix à cent-dix ans)

Le Mystère du pont Gustave-Flaubert BoD 2021
Édition du bicentenaire 1821-2021
(polar décalé)

Recueils de poésie

Fastueuse tempête féconde, BoD 2021
Ce voyage sera-t-il mélodieux, BoD 2021
Termine au logis, BoD 2020
(Cent rondeaux d'un été à savourer l'hiver en dégustant un thé)
Sois danse au vent, BoD 2020
(quatre-Vingt-dix sonnets et quinze rondeaux d'une année Vingt)

La Trilogie des Sansonnets (trois cents sonnets publiés de 2015 à 2019) :
Sansonnets un cygne à l'envers, BoD 2015
Sansonnets aux sirènes s'arriment, BoD 2018
Sansonnet sait du bouleau BoD 2019

Contes pour enfants

Isidore Tiperanole et les trois lapins de Montceau-les-Mines BoD 2011

La Princesse Élodie de Zèbrazur et Augustin le chien qui faisait n'importe quoi BoD 2017

Le Poète et la princesse Élodie de Zèbrazur (BoD) 2021

http://www.pierre-thiry.fr

Cinquante-deux reflets

Cinquante-deux triples triolets
répartis en quatre chapitres

par Pierre Thiry

précédés d'une préface
écrite par Christian Robert

Octobre 2022

Préface
par Christian Robert[1]

Quel lecteur n'ouvrira pas le recueil qu'il a dans la main avec le sentiment délicieux de voyager dans le temps ? Comme s'il ouvrait en 2022 la reproduction d'un incunable, voire une copie de manuscrit de 1422 d'un quasi contemporain, pour la forme (fixe), Charles d'Orléans[2] ou plus lointain encore de Guillaume de Machaut[3], sans vouloir remonter jusqu'à Adam de La Halle[4] ? Car Pierre de Rouen[5] nous offre ici des poèmes écrits à la manière des poètes du temps jadis. Étrange

---

1 Christian ROBERT, ancien professeur de lettres (à l'étranger et en France) est auteur de fables et de nouvelles. Il est également coauteur depuis 2007, sous le pseudonyme partagé de ROBERT VINCENT, d'une dizaine de romans policiers d'humour noir, publiés chez divers éditeurs.

2 1394-1465 : Charles, prince de la maison de Valois, petit-fils et père de rois de France, duc d'Orléans et poète.
3 1300-1377. Machaut est une localité près de Reims.
4 1240-1287. Il y a aussi une Halle aux toiles à Rouen. A juste titre, on pourrait donc aussi bien appeler notre Pierre, Pierre de la Halle.
5 En réalité, Pierre Thiry, puisqu'il faut enfin lui donner son nom officiel.

entreprise, n'est-ce pas ?

Audendum est, il faut oser. C'est par cet exergue qu'André Chénier[6], inaugure son poème *L'Invention,* sa profession de foi poétique, dont l'un des alexandrins reste gravé dans presque toutes les mémoires :

Sur des pensers nouveaux faisons des vers antiques.

Pierre Thiry, quant à lui, ose couler dans le moule de poèmes médiévaux, des penser nouveaux. Le voici donc nous offrant un florilège de triolets de son cru.
— *Mais, d'abord, qu'est-ce qu'un triolet ?* demandera-t-on peut-être.

Dans sa forme la plus simple, un poème de huit vers de huit syllabes, bâti sur deux rimes différentes, dont le premier se trouve répété au quatrième puis au septième vers et le deuxième au dernier vers. Le *triolet* s'est d'abord appelé *rondel simple,* puis au quinzième siècle a pris ce nom de *triolet,* dont l'étymologie dans ce sens est incertaine[7]. Je me contenterai

---

6 1762-1794.
7 Dictionnaire alphabétique et analogique de la langue française par Paul Robert, tome 6, p.664, LE ROBERT,

d'observer, pour ma part que le contenu d'un vers, le premier, s'y trouve répété trois fois, comme le signifie par ailleurs le préfixe *tri-*. Et donc, à défaut d'être scientifiquement et étymologiquement fondé, ce rapprochement est un moyen mnémotechnique commode de se souvenir de sa composition.

Sa vogue a connu des hauts[8] et des bas, depuis le XVIIe siècle, surtout des bas. Quelques auteurs le ressuscitent au XIXe. Disons que (sauf chez Théodore de Banville[9] et Albert Mérat[10]), chez Mallarmé, Rollinat, Rimbaud, Laforgue, ce ne sont que feux de paille au milieu de leur œuvre foisonnante.

1981.

8 Il n'est pas lieu ici de traiter et son extension et de son succès hors de France, notamment en langues allemande, flamande et anglaise, mais aussi dans bien d'autres langues européennes. Même le Brésil connut son « triolet », réduit à six vers, à la fin du XIXe siècle. Il n'est pas que jusqu'au Japon qu'on ne s'y adonne depuis 2016.

9 Théodore de Banville (1823-1891), *Odes funambulesques*, Alphonse Lemerre éditeur, Paris, 1857. L'édition de 1874 contient dix-huits triolets.

10 Albert Mérat (1840-1909), *Triolets des Parisiennes de Paris*, Alphonse Lemerre éditeur, Paris, 1900, en compte près de deux cents.

Avec Pierre de Rouen, pardon, Pierre Thiry, c'est un feu d'artifice, ou encore un geyser poétique. Surfant beaucoup sur le sonnet et le rondeau[11], ce poète à formes et en forme, n'en estime pas moins le *petit triolet* (on m'excusera le pléonasme, affectueux, puisque le suffixe *-et*, ou- *elet*, très proche d'*-olet*, sont déjà diminutifs). Il offre à nos yeux, ou à notre oreille, si nous avons la bonne idée sinon de les chanter[12], du moins de les lire à haute voix cent cinquante-six triolets. Cette forme date du Moyen-Âge, y recourir n'est pas indifférent, à la fois défi et nostalgie d'une sorte d'âge d'or et d'innocence de la poésie.

Dès lors, je crois, ce n'est pas l'offenser de qualifier ce poète du XXIe siècle de jongleur et ménestrel de mots, métaphores qu'inspire sa propre poétique, qui sous la forme d'une question, conclut le premier chapitre :

---

11 cf. sa bibliographie (p. 2)
12 Après tout, sa forme à refrain le rattache à l'ancienne tradition de la poésie chantée. D'ailleurs, l'étymologiste Léo Spitzer le présente comme une altération de *criolet*, lui-même issu de *kyriloé*, « litanie populaire », provenant du liturgique *Kyrie eleisson* cf LE ROBERT, op. Cit.

C'est donc ce jeu, la poésie
Cette plénitude étonnante,
Qui jaillit en vive énergie ? [13]

Quel jeu sinon celui des mots ?

Je te dédie aujourd'hui l'écho
D'un cœur qui toujours bat toujours à l'adverbe
Amoureusement, en jeux vocaux... [14]

De ces mots qu'on lance avec adresse comme pelotes ou balles sans autre loi que le plaisir du geste du jongleur et des yeux émerveillés des spectateurs :

Rimeurs, rimez en l'air ça servira
(On ne sait pas à quoi, ce n'est pas grave) [15]

Pourtant *cela ne veut pas rien dire*, pour citer Rimbaud à propos du *Cœur supplicié*[16]. À

---

13 *C'est donc ce jeu...* (p.40)
14 *À celle dont la bravoure superbe* (p. 124)
15 *L'aviette du père Noël* (p.86)
16 *Lettre d'Arthur Rimbaud à Georges Izambar du 13 mai 1871*, première des deux lettres dites *Lettres du voyant*, publiées dans la *Revue européenne* en octobre 1928.

l'instar du poème de Rimbaud, les petits triolets (après tout, huit vers ne sont pas bien longs) sous la plume de Pierre Thiry vont par trois, comme les notes de triolets musicaux. Ce sont ainsi cinquante-deux compositions qui nous sont données à lire et à interpréter.

Toutes ne sont pas faciles comme *Hâte-toi*[17], *Juste un écho*[18] ou encore *Vents, pluies, bourbier*[19] ou *Enfance*[20] et bien d'autres.

Car le poète ose les mots rares, les associations de mots insolites ou exotiques, les onomatopées[21], voire le jeu de mots[22], la fausse piste :

La poésie du large émeut les vagues[23]

---

17 *Hâte-toi* (p. 16)
18 *Juste un écho* (p. 52)
19 *Vents, pluies, bourbiers* (p.58)
20 *Enfance* (p. 78)
21 Cf. les tonitruants « *Scratch broom rhat traboum* » de *Le Crépuscule à la fin* (p. 46)
22 *Grammaire sévère* commence par « *Une grand-mère sévère… ça n'existe pas.* » (p. 84)
23 *Naissance du feuilleton (*p.24)

L'imagination aussitôt embarque, prête à voguer sur des flots poétiques ; *La mer, la mer, toujours recommencée*[24], revient à nos mémoires. Cependant à cause du vers suivant patatras, le nom est devenu adjectif qualificatif :

> *La poésie du large émeut les vagues*
> *Sentiments de la chanteuse aux yeux verts.*

Néanmoins, au vers quatrième, *vagues* vire de bord et (re) devient nom :

> *La poésie du large émeut les vagues.*

Et c'est ainsi que se construit, sous la plume d'une sirène qu'on imagine belle à faire fantasmer un escadron de scaphandriers, un feuilleton *océanopoétique*. C'est dire les rivages inconnus où nous entraîne avec adresse, érudition[25], humour, tantôt teintée d'ironie, tantôt de *spleen*[26], l'invention kaléidoscopique,

---

24 Paul Valéry, *Le Cimetière marin*, 1920.
25 Qui connaît encore, sinon Pierre, la danseuse Marie-Anne de Cupis Camargo (1710-1770) dite la Camargo (cf. *Camargo libérée* p. 76*)*, séquestrée un temps par son amant, le comte de Clermont ?
26 *Enfance.* (p.78)

pataphysique ou surréaliste du poète, prêt à *brosser la virgule*[27], plutôt que peigner la girafe, ou à batailler avec une brouette[28] pour poétiser. Ainsi les poèmes de Pierre Thiry, animés par une véritable virtuosité lexicale, quelle que soit leur clarté ou leur mystère, ont-ils une forte puissance suggestive :

L'art brille en flaques de lumières ou lignes vives,
Décor à forme abstraite, à syntaxe évasive.
On ne comprend rien, mais le rêve est raffiné ?

Et, pour finir, à la question *Quand c'est la poésie ?* que pose le poème éponyme[29], je répondrai d'abord par une autre question :

Où c'est, la poésie ? et, aussitôt, donnerai ma réponse : *Ici* ; et à la première : *Tout de suite*, bref : *hic et nunc*.

Bonne lecture,

Christian Robert
Notre-Dame-de-Gravenchon, le 21 octobre 2022.

---

27 *Faut-il brosser la virgule ?* (p.20)
28 **Poète à la brouette.** (p. 110)
29 *Quand est-ce la poésie ?* (p. 54)

Sommaire

Chapitre 1 Miroitements .... page 15

Chapitre 2 Décors............................... page 43

Chapitre 3 Danses, rythmes................. page 71

Chapitre 4 Aux risques du vent........... page 99

Table des matières............................. page 127

Chapitre 1
Miroitements

1 Hâte-toi

Hâte-toi, flatte là,
Parle du verbe plaire.
Présente à l'œil le plat.
Hâte-toi, flatte là,
Choisis le chocolat,
Rime aux fruits de naguère,
Hâte-toi flatte là.
Parle du verbe plaire.

Arrose un peu ton style
De l'adverbe au reflet
En inverse de ville.
Arrose un peu ton style,
Ajoutes-y labile,
Tes jouets de mouflet.
Amuse un peu ton style
De l'adverbe au reflet.

Miroitements bavards,
Dessins animés doubles,
À saisir sans égards.
Miroitement bavard
Qui joue au mime double.
Flamboiement de hasard
Miroitement bazar :
Le sourire aimé trouble…

2 L'humour grillon

Le poème éploré tremble de peur
Devant le robot à tête d'enclume,
Censé pondre un mécanisme à prompteur.
Le poème éploré tremble de peur
Devant cet inexorable moteur
Qui rythme à l'acier, plutôt qu'à la plume.
Le poème éploré tremble de peur,
Devant le robot à tête d'enclume.

L'intelligence est-elle artificielle
Expérience de multiplication ?
Cette usine est tuilée, superficielle.
L'intelligence est-elle artificielle ?
Une enflure ingénieuse et logicielle ?
Le poème isole une autre équation…
La belle y danse. Est-elle artificielle
Expérience de multiplication ?

Le poète amusé note en dictée
L'humour grillon aux voix asymétriques
Sous l'étonnante foire étiquetée…
Le poète amusé note en dictée
La rumeur du monde, déchiquetée
Par la passoire aux passions excentriques.
Le poète amusé note en dictée
L'humour grillon aux voix asymétriques.

3 Faut-il brosser la virgule ?

Faut-il brosser la virgule en dégringolade
Quand surgit le soir aux feux du soleil couchant ?
C'est compliqué de sucrer sans tomber malade.
Faut-il brusquer ce calcul en dégringolade ?
Le lecteur s'y attarde, il goûte à la salade,
Si son goût est trop vert, il questionne en mâchant.
Faut-il brosser la virgule en dégringolade
Quand surgit le soir aux feux du soleil couchant ?

Faut-il écrire aussi pour brasser l'heure étrange
Où le soleil décide en filant souterrain
D'effrayer le rêveur que la noirceur dérange ?
Faut-il écrire en scie, pour chasser, leurre étrange,
L'ombre d'alexandrins, qu'une virgule arrange,
En deux versants égaux, banals contemporains ?
Faut-il écrire ainsi pour braver l'heure étrange
Où le soleil s'esquive, en tyran souverain ?

Le refuge du sage, au creux de la virgule,
Est silence amusé, hémistiche ébloui.
Il se niche au musée, dans son art qui calcule,
Un refuge de sage, au creux de la virgule…
Un simple jeu de souffle qui tintinnabule,
En joueur de balance, au soupir ébahi…
Le refuge du sage, au creux de la virgule,
Est silence amusé, hémistiche ébloui…

4 Un temps d'amoureux

Le sens aussi est giratoire,
Du calembour accidentel.
Écoute l'art oscillatoire,
Son sens est aussi giratoire.
Ce coquillage est faste histoire
Enregistrant les jeux du ciel
Leur sens aussi est giratoire
En cas d'humour accidentel.

Laisse advenir cet électrique
En feu de guitare éventail
Cela fuse un peu éclectique.
Laisse advenir cet électrique
La foule est belle en l'art mutique.
Elle admire, un nouveau détail.
Laisse advenir cet éclectique
Au feu de guitare éventail.

Le nuage étonne et nous berce,
Son manège est tenace et beau.
On s'y installe aux jeux d'averse,
Un nuage étonne et nous berce.
C'est un temps d'amoureux qui perce
Au cœur d'une averse à jet d'eau,
Le nuage incline et nous berce.
Son manège est tenace et beau.

5 Naissance du feuilleton

La poésie du large émeut les vagues
Sentiments de la chanteuse aux yeux verts.
Elle a mieux qu'un mal de mer, elle alpague.
La poésie du large émeut les vagues.
Sa voix pleine éparpille l'air qui divague
Et se transforme en rythme au sens ouvert.
La poésie du large émeut les vagues
Sentiments d'une chanteuse aux yeux verts.

Le style imprévu des scaphandriers
Laisse naître une sirène en écume
Imaginaire au creux d'un cendrier.
Le style imprévu des scaphandriers
Fait surgir un feuilleton singulier
Et la sirène engendre de sa plume
Le livre imprévu sorti d'un grenier :
Prose honnête et galère dans l'écume…

Ces frasques, ces frottements, ce navire
Sont frissonnements d'un monde construit.
Nous voyageons, virtuoses d'empire,
En frasques de frottements qui chavirent.
L'érotisme et la voix de notre Elvire
Nous conduisent aux corbeilles de fruits.
Ces frasques ces frottements, ce navire
Sont frissonnements dans l'onde, construits.

6 Plan pour un polar

L'apparence, âpre nébuleuse
Des physionomies pas très nettes
Inquiétait l'enquêtrice hargneuse
D'apparence âpre et nébuleuse…
C'est une énigme fabuleuse
Ces gaillards d'effrois malhonnêtes
D'apparence, âpre et nébuleuse
Aux physionomies pas très nettes.

Le mystère avançait obscur
Dans un quartier très à l'écart
Habité par des regards durs
Le mystère avançait obscur
En spirale, mais d'un pas sûr
En révolte ivre, avec art,
Le mystère avançait obscur
Dans un quartier très à l'écart.

Ces barricades mystérieuses
Où triomphe la désinvolte
Apparence, âpre et nébuleuse,
Ces barricades mystérieuses
Font partie de la fastueuse
Boîte à plume qui virevolte
Des barricades mystérieuses
Jusqu'aux triomphes désinvoltes.

7 L'art métrique encore neuf

Le calcul regonfle d'émotion
Le sensible entraîné de travers.
Grand Mètre, on est humain dans l'action.
Le calcul vous gonfle une émotion
En montgolfière d'exaltations,
Son ballon survolte un univers
De cactus dégonflés d'émotion :
Prévisible engrené de travers…

Ce progrès, ses machines splendides
Épatent le public ; leurs effets
Spéciaux leurs donnent l'aspect limpide
D'un progrès aux machines splendides.
L'engrenage se grippe rapide-
Ment, rien ne va, les héros surfaits
Désossent leurs machines splendides,
Éreintent leur public sans effet.

Ils sifflent l'art des teufs d'oisillons,
Sans nacelle en toupie, en dévers.
Quand même ! on est héros dans l'action…
Le calcul surpasse l'émotion,
Mais souvent ressurgit la passion :
La montgolfière esquisse un dévers
Qui siffle l'art du « neuf arpions »
Diérèse alourdie, en revers…

8 Je suis sociologue

Mes choix typologiques trainent avec verve
Un frisson statistique et fringuant : un esprit,
Découper l'habitus pour que l'enquête serve.
Le choix typologique entraîne avec sa verve
Le bonheur de classer en boîtes de conserve.
J'échantillonne quelques cantons incompris,
Leur voix pathologique entraîne avec sa verve
Un frisson stratosphérique ingambe : un esprit.

Je classe en tableaux des graphiques et des courbes,
J'inscris mon fromage en pyramide à rubans.
De l'inconscient collectif j'explore la tourbe,
Je fais des tableaux des graphiques et des courbes,
Les statistiques m'enchantent je m'y embourbe.
Je découpe un socle en « Soc Pro » plus c'est barbant,
Plus mes tableaux palpitent, plus vibrent leurs courbes,
Plus je vibre au vaste empire ami des rubans.

L'idée durkheimienne de norme fondamen-
Tale me captive, je suis sociologue.
J'enquête, je note et redécoupe en segments.
L'idée durkheimienne de norme fondamen-
Talement statistique ravive amplement
Mon appétit positiviste aiguisologue.
L'idée durkheimienne de norme fondamen-
Tale me fascine : je suis sociologue.

9 Raturés silencieux…

Et les mots ensemble en silence
S'installent en esquive un soir
Dans un souffle d'impertinence.
Et les mots ensemble en silence
Inspectent l'idée qui s'élance.
Ils sont tous imprimés en noir
Tous ces mots encrés en silence
S'imprimant en esquive un soir.

Ils seraient mots de philosophe
En brouillons nuageux, fortuits
Pour juguler la catastrophe.
Ils seraient maux de philosophe
Arrimés au bout de la strophe
D'un parolier très creux, gratuit…
Ils seraient mots de philosophe
Raturés silencieux fortuits.

Ils sont gratuits pour tout le monde
Prêts à chanter n'importe quoi
Pour séduire une belle blonde.
Ils vont traduits autour du monde
Prêts à rythmer la mappemonde
Silencieux, noir sur blanc, narquois.
Ils sont produits par tout le monde
Prêts à bercer l'auditeur coi.

10 Équilibre

La chance est équilibre au cœur qui prend le temps
D'explorer le monde en ses inattendus riches,
Par ses accords aux labyrinthes palpitants.
La chance est équilibre au cœur qui prend le temps.
La danse est esprit libre au corps qui prend l'instant,
Celui de s'entraîner, de s'assouplir, sans triche,
La chance est équilibre au cœur qui sent l'instant
D'exprimer le monde en ses inattendus riches.

Le style est lourdeur quand il écrase un stylo
Sans souci de la voix qui rythmera sa chance.
Rêve, observe sans troubler les reflets dans l'eau.
Le style est pesant quand il écrase un stylo
Sans choisir le moment d'esquiver le rouleau
Compresseur, aplatisseur de rythme et de danse.
Le style est lourdeur quand il écrase un stylo
Sans souci de la voix qui rythmera sa chance.

La danse est esprit libre au corps qui prend l'instant
De saisir par le cœur l'étonnement rythmique.
Sa liberté belle invite aux pas exultants.
La danse est équilibre au corps qui prend l'instant.
La lumineuse invite au partage exaltant.
Sa cadence est libre, émouvante océanique,
La danse est esprit libre au cœur qui prend l'instant
De saisir par le corps l'étonnement rythmique.

11 L'Alexandrin et les deux malandrins
Art Poétique Portatif en métrique rétrograde (treize, douze, onze)

Onze et Treize embrocheurs et malandrins se la pètent.
Ils traquent l'ordre pair en bricoleurs de décrets.
La vie est plus brillante avec l'impair des trompettes.
Onze et Treize, embrocheurs d'Alexandrin, se la pètent,
(Leur cravate) ils gonflent le cou comme ces esthètes
Qui proclament l'impair : Savate d'Art qui maugrée.
Onze et Treize, emballeurs d'Alexandrin, se la pètent,
Ils gravent l'ordre impair en ravaudeurs de décrets.

Ils disent ce qu'ils font : pêcheurs d'Alexandrin.
Et celui-ci se croit souffre-douleur splendide.
Il nage en hémistiche échappe aux malandrins
Qui griffent en griffons, pêcheurs d'Alexandrin.
Onze et Treize sortent leurs filets de l'écrin,
Ils filent en hors-bord aux souterrains liquides.
Ils disent ce qu'ils font, pêcheurs d'Alexandrin.
Et celui-ci décroît (plonge en l'impair splendide).

L'onde est tragique oxydée en émaillages
Mis par écrit pour y noyer l'écolier.
On traduit ce conte en féroces images.
Onze en styliste habille en vains babillages.
Onze inonde en brodant d'exquis raffinages
(Que l'on vend pour escalader l'escalier).
On y voile Alexandrin dans les maillages
Du filet bobineur des Nombres Premiers.

12 D'un seul saut

L'erreur de casting n'existe pas.
Il se peut que leur bêtise arrive
À la fin d'un excellent repas.
L'horreur du casting n'existe pas.
C'est une illusion, juste un faux pas,
Un saut qui syncope à la dérive.
L'erreur de casting n'existe pas
Mais il se peut qu'une exquise arrive.

Alors en foule ils s'emballent, causent
Ils ne savent pas quoi dire… un mot…
Un mot parfois hurle quelque chose,
Alors en foule ils dévalent, causent.
La fatale se pavane, elle ose
Et s'amuse à danser en sabots.
Alors en foule ils s'emballent, causent
Ils ne savent pas quoi dire… un mot…

Un seul mot sort de l'immense foule
Bref et sonore avec des reflets
D'un autrefois qui remonte en boule
Un seul mot sort de l'immense foule
Poétique effet qui se déroule
En serpentant dans le défilé
D'un seul saut tordant l'immense foule,
Bref assaut mordoré de reflets…

13 C'est donc ce jeu…

Ce son de voix qui vient vibrer,
Au cœur du corps dans la poitrine
Avec son rythme équilibré,
Ce son de voix qui vient vibrer
En poésie, d'un bond cambré
Qui pirouette en ballerine,
Ce son de voix qui vient vibrer,
Au bord du cœur dans la poitrine.

C'est donc ce jeu, la poésie,
Cette plénitude étonnante
Qui jaillit en vive énergie ?
C'est donc ce jeu la poésie,
Ce flux qui danse et rassasie,
Au son d'une voix rayonnante ?
C'est donc ce jeu la poésie,
Cette plénitude étonnante ?

Cette écriture tâtonnante
Qui encre, file et ressaisit
Le son de la voix rayonnante ?
Cette écriture tâtonnante,
Là sur la vague frissonnante,
Est-ce poésie qui surgit,
Cette écriture tâtonnante
Qui encre, file et ressaisit ?

Chapitre 2
Décors

1 Coursiers d'art

.

Puise en lisant les nuages
Les péripéties en blanc
D'un groupe de personnages.
Puise en lisant les nuages
Les épisodes qui nagent
En attente d'un roman.
Suis, en lisant les nuages
Les péripéties aux flancs

D'une montagne à gravir,
Ses panoramas superbes,
Pleins d'actions ou de loisirs.
De la montagne à gravir
Tu peux graver au saphir
Ces rochers parmi les herbes
Où l'art s'emballe à choisir,
Des pas aux hasards superbes.

Vivre en peignant les nuages,
Pour préparer ton roman
Ouvre aux complexes maillages…
Vivre attentif aux nuages
Pourra t'offrir maints voyages
Dans des brouillons foisonnants
Ecrits en blancs de nuages,
Coursiers d'art des longs romans…

2 Le crépuscule à la fin

Le coucher de soleil est là, docile
Sous le regard, il se déforme abstrait
Il s'amuse à modifier l'air de l'île
Le coucher de soleil est là, docile
Le port est muet, son bassin hostile
Il se rebelle, esquive le progrès.
Le coucher de soleil est là, docile
Sous le regard, il se déforme abstrait.

Écoutons la chanson du rossignol,
Il fait des calembours, vifs et rebelles,
Il écorche en passant la clef de sol.
Écoutons la chanson du rossignol,
L'oiseau vaniteux se monte le col,
Une étoile imprécise se croit belle,
Écoutant la chanson du rossignol.
Il fait des calembours vifs et rebelles.

L'humour de l'oiseau n'est guère moderne
Le crépuscule à la fin est gredin
Cette soirée romantique un peu terne
Éclate en bruit d'onde ou guerre moderne
Scratch broom rhatch traboum tousse l'air baderne
Un vieillard fatigué du soir badin.
L'humour de l'oiseau n'est guère moderne,
Le crépuscule à la fin est gredin.

3 Dentelle au baroque tissage

L'araignée règne sur son invention,
Sur sa dentelle au baroque tissage
Évoqué par l'aurore en impression.
L'araignée règne sur son invention,
Brode sur sa toile un dessin passion.
Le légendaire est un puissant message.
L'araignée règne sur son invention,
Sur sa dentelle au baroque tissage.

Au pays que sa plume réinvente
Au théâtre de danse ou de couleur,
L'aventure fait rêver, captivante,
Au pays que la plume réinvente :
Une terre à dessiner savante…
Et son roman noue l'esprit aux saveurs,
D'un pays où sa plume réinvente
Le théâtre et la danse ou la couleur.

En arpèges de kora, coquillages
Qui évoque un souvenir malinké
Soundjata, l'invincible sans âge,
Joue l'arpège de kora coquillage.
Il mime un Nord aux clavecins d'orage,
Légendaire au rythme sophistiqué,
En arpèges de kora coquillage,
Il évoque un souvenir malinké.

4 La couleur du miel

N'en déplaise à ces mots de l'ère
Le soleil brille aux bruits brûlants
De l'orchestre aux claviers de verre
N'en déplaise à ces mots de l'ère
Qui néologisent, sévères,
Dans les rires des cerfs-volants.
N'en déplaise à ces mots de l'ère
Le soleil brille aux bruits brûlants.

La chaleur s'amuse et bavarde
Imitant les cris du réveil
La foule (où les enfants s'attardent,
Emballeurs de muses bavardes)
Applaudit aux clowns et canarde
D'éclats de rire le soleil.
La chaleur s'amuse et bavarde
Imitant les cris du réveil.

La couleur du miel couvre l'art.
Un romantique automne exige
Un sourire à l'abeille sans dard.
La couleur du miel couvre l'art
Du musicien, dictaphone en tige
Dont l'odeur de miel couvre l'art
Qu'un romantique automne exige.

5 Juste un écho

On dirait un écho baroque.
C'est un concerto de Mozart
Qui flotte élégant, plurivoque.
On dirait un écho baroque.
C'est un souvenir qui convoque
Quelque opéra dans un miroir.
On dirait un écho baroque,
C'est juste un presto de Mozart.

Wolfgang-Amadeus Mozart
Cabriole et son rire étonne
Joue la surprise et son hasard.
Wolfgang Amadeus Mozart,
Tes succès soufflent leur blizzard,
Dans le sous-bois d'un soir d'automne,
Wolfgang Amadeus Mozart
Cabriole et son rire étonne.

Il y a du Monteverdi
Dissimulé dans la roulade
D'un excès jadis interdit.
Il y a du Monteverdi,
Mozartisé, ragaillardi,
Redécoupé en bousculade.
Il y a du Monteverdi,
Dissimulé dans ta roulade.

6 Quand est-ce la poésie ?

Est-ce quand le soleil lève sa nuit
Que les étoiles riment poétiques ?
Est-ce quand le rideau cache l'ennui ?
Est-ce quand le soleil lève la nuit
Que l'on rêve au bref reflet qui reluit
Quand l'émotion rejaillit pathétique ?
Est-ce quand le soleil lève la nuit
Que les étoiles riment poétiques ?

Est-ce quand la phrase va vaniteuse ?
Est-ce quand surgit le point pointillé
De l'impressionnisme aux mers merveilleuses ?
Est-ce quand l'emphase va vaniteuse
Jusqu'aux regards d'une urbaine baigneuse
Quand le vers gris fait florès, resquillé ?
Est-ce quand la phrase va vaniteuse ?
Est-ce quand surgit le point pointillé ?

Est-ce quand l'œuvre vrille en bégayant
Quand le poème émeut les cœurs qui chantent ?
Est-ce un lancement mensuel voyant ?
Est-ce quand l'œuvre vrille en pagayant,
Quand la rime en flamme amuse en bâillant
Que naît l'esprit prisé qu'un poème hante ?
Est-ce quand l'œuvre vrille à pas bruyants
Que le poème émeut les cœurs qui chantent ?

7 Bruit qui danse

C'est tout à fait contestable
Ce bruit de roman qui danse
Dans les reflets du narrable
C'est tout à fait contestable
Cette chance qui s'ensable
Quand le volet en cadence
Fait grincer l'art contestable
D'un bruit de roman qui danse

L'auteur sur son piédestal
D'écrivain adulé grogne
Un brouillard de conte étal,
Lorsque sur son piédestal
Surgit le monumental.
Don Juan nous fait la trogne
Lorsque sur son piédestal
Sa statue oscille et grogne.

C'est un épisode en sable
Ce bruit de grognon que lance
Sous les assauts du narrable
Un jeu d'épisode en sable.
C'est un grincement de fable
Quand la fenêtre en cadence
Reflète une époque en sable
Ombre de dune en malchance.

8 Vents pluies, bourbier

Décembre est phraseur décevant
Qu'un soleil bas éclaire et rase
En détrempé insuffisant
Décembre est phraseur décevant
Sa journée croule dans le vent
Les ombres noircissent nos phrases,
Décembre est froisseur décevant
Qu'un soleil bas éclaire et rase.

Est-ce le soleil ce barbier
Qui partout dénude la plaine ?
C'est plutôt le vent casse-pied
Est-ce le soleil ce barbier ?
Non c'est plutôt vents, pluie, bourbiers
Qui font s'effeuiller cette scène
Glacée sans soleil, congédié,
Si bas sous les nuées trop pleines.

Les nuages sont gorgés d'eau
Glacée, grêlée, bientôt neigeuse
Les nuages se font rideaux
Les nuages sont gorgés d'eau
Ils dévalent crescendo
sur la terre marécageuse
Les nuages sont gorgés d'eau
Glacée, grêlée, blanche et neigeuse.

9 Le silence

Le silence est plus naïf que bavard
Il ne dit pas un mot quand le soir tombe.
Sans renvoyer d'écho, simple buvard,
Le silence est plus naïf que bavard.
Il phagocyte les bruits au hasard
Les soirs de décembre, il règne et surplombe,
Le silence est plus naïf que bavard
Il ne dit pas un mot quand le soir tombe.

Sous son ciel insensé court le silence,
Très innocent, pas du tout poétique,
Il marche en chuchotant ou bien s'élance,
Sous son ciel insensé, sourd en silence…
Il souligne le vide en défiance.
Il est pauvre, entêté, borné, mutique
Sous son ciel insensé court le silence
Très innocent, pas du tout poétique.

Sourd il élance en brouillard son voilage
Sur la maison qui s'endort aujourd'hui.
On n'entend qu'un pauvre insecte en otage
Gourd il s'élance entre vitre et voilage,
Il grésille en cognant contre un vitrage
Son faible écho de danse pour la nuit,
Trouble au silence envoyant son brouillage,
Rythme en trombe automnale d'eau de pluie.

10 Si la banlieue…

Si l'élégance est muette
En chiffrage raffiné
Si le vol de la mouette
Est élégance muette
C'est que l'urbanisme souhaite
Ne pas être piétiné
Par la prestance muette
Des plumages raffinés.

Ce parc est trop distrayant
Prétend l'oiseau aux grands cubes
Par son survol bégayant
Ce parc est trop distrayant
En angles droits contraignants
Avec jeux d'enfants en tubes,
Ce parc est trop distrayant
Répond l'écho des grands cubes.

Si la banlieue est silence
Échos d'orgueilleux désert
D'exotisme en nonchalance.
Si la banlieue fait silence
Brandissant sa somnolence
Aux mouettes de l'hiver
Ces grands planeurs du silence
Oiseaux muets, sont diserts.

11 Décembre respire

Aujourd'hui rien ne se passe :
Juste une ombre découpée
Par un soleil plein d'audace.
Aujourd'hui, rien ne se passe,
Décembre éclaire et retrace
L'ombre en silences de clefs
Aujourd'hui rien ne se passe,
Juste une ombre découpée.

C'est une ombre de soupière.
Calme, elle ne parle pas.
Poète ouvre les paupières :
C'est une ombre de soupière.
« Chut ! » souffle de sa gouttière,
Goulu spectateur, le chat.
C'est une ombre de soupière
Dont le chat ne parle pas.

« On croirait une soucoupe
Volante, objet d'art muet. »
Pense un journaliste à scoop,
« Ça me semble une soucoupe
Martienne avec voûte en houppe. »
Le chat renifle fluet :
« On croirait un goût de soupe
Fumante au goût fort douillet… »

12 Les soirs d'hiver

Les soirs d'hiver, la maison ne dit rien.
Même ses tuiles ne sont pas bavardes,
Même quand le vent siffle en vaurien.
Les soirs d'hiver, la maison ne dit rien
Ça chiffonne parfois le grammairien.
 Un substantif muet ça le regarde.
Les soirs d'hiver, la maison ne dit rien
Même ses tuiles ne sont pas bavardes.

Et pourtant ce sont bien des substantifs,
La maison bien sûr, mais aussi les tuiles.
Les acteurs sont parfois inattentifs,
Mais pourtant ce sont bien des substantifs
Très substantiels et très figuratifs,
Des mots parfaits pour la peinture à l'huile,
Et pourtant ce sont bien des substantifs,
Ne taisons rien sur le motif des tuiles…

Si ces tuiles ne sont pas très bavardes
Est-ce parce que leur argile a cuit ?
Il pâlit sous le ciel qui le regarde.
Si ces tuiles ne sont pas très bavardes,
C'est que dans l'hiver aux lueurs blafardes
Le givre timide y trouve un appui…
Si cette huile s'empêtre en goguenarde,
Est-ce parce que l'art —agile— a fui ?

13 Cave au silence exotique

Le retentissement du silence
Est-il une narratologie ?
Le taiseux fait sourdre sa romance
En retentissement du silence
Le feuilleton froisse en somnolences
Son épisode en anthologie
De retentissements de silence
En îlot de narratologie.

Le silence est décor sans méthode
Face au vacarme tonitruant.
Il joue le sportif des antipodes
Le silence est décor sans méthode
Il entraîne un théâtre sans code
Obstacle redouté des bruyants,
Le silence est décor sans méthode
Face au vacarme tonitruant.

Dans un coin de silence gothique
On n'entend rien pas même un grillon.
Le héros éclaire en romantique
L'ombre au coin d'un silence gothique,
Et voici qu'il brasse anecdotique
Sa toile en froids du septentrion,
Aux recoins d'un silence exotique,
Shakespearien, poète histrion.

Chapitre 3
Danses, rythmes et spectacles (actions)

1 Le ciel est beaucoup trop haut

Le soleil est parfois pataphysique,
Il s'excuse, aimable, il faut éblouir.
Le public s'étonne au rythme énergique
Du soleil, de son choix pataphysique.
Le nuageux se colorie, mythique,
D'un feu brillant difficile à enfouir,
Le soleil est parfois pataphysique,
Il s'excuse, aimable, il faut éblouir.

Le ciel est beaucoup trop haut, râle Icare
Et l'astre étincèle en cordes de feu.
Il se consume en joies de guitare.
Le ciel est beaucoup trop haut dit Icare…
En l'air, l'incandescence se prépare,
Car l'enflammé n'est jamais paresseux.
Le ciel est beaucoup trop chaud râle Icare
Et l'astre étincèle en cordes de feu.

Icare aime à saisir ces jeux brûlants
Il danse, il s'étonne en flamme éphémère.
Il s'éparpille en fougueux fou volant,
Icare aime à saisir ces jeux brûlants,
À jouer des hasards mirobolants.
Il s'amuse en poète intérimaire,
Icare aime à s'enfouir en jeux brûlants,
Il chancèle et sonne, en farce éphémère.

2 Souffle d'aile

L'oiseau forme un point d'interrogation.
Il observe avec son œil qui clignote
Le spectacle épris de dislocation.
L'oiseau forme un point d'interrogation.
Il s'amuse à la numérotation
Censée tout résoudre à coups de cagnotte.
L'oiseau forme un point d'interrogation,
Il observe avec son œil qui clignote.

Le monde agité s'énerve et s'enflamme
La femme généreuse y nage en vain
Les guerriers brandissent leur oriflamme
Le monde agité s'énerve et s'enflamme.
L'oiseau remarque une fleur, brise-lame
Où flotte une fantaisie d'écrivain,
Le monde agité s'énerve et s'enflamme
La flamme généreuse y nage en vain.

Et la flamme vacille sur la chandelle,
Un courant d'air l'a soufflée brusquement
L'obscurité gagne la citadelle.
Et la flamme en particule, en dentelle
N'est plus qu'imperceptible accidentelle.
Mais l'oiseau bat de l'aile élégamment,
Et ta flamme reluit sur ta chandelle,
Du souffle d'aile animée brusquement.

3 Camargo libérée

C'est un flic à la mode de Victor Hugo,
Son patronyme est brut comme un nom de lessive,
Il se découpe en fond de décor, pas très beau.
C'est un flic à la mode de Victor Hugo.
Il s'acharne en chasseur après la Camargo,
Poursuite absurde qu'un trou de mémoire esquive.
C'est un flic à la mode de Victor Hugo
Son patronyme est brut comme un nom de lessive.

Il braconne en automne avec l'air soupçonneux
　Il traque avant l'hiver les danses estivales,
　Il marche crispé, son sourire est un nœud.
Il braconne en automne avec l'air soupçonneux
　Avec son front trop bas, sa mine de teigneux
　Il agit silencieux, en craignant le scandale,
　Il revient en automne avec l'air soupçonneux
　Il traque avant l'hiver les danses estivales.

　Mais une prestidigitatrice en puissance
　Chorégraphe à la rose au sourire joyeux,
　Nous démantibule en riant les manigances
　Du flic ébloui par sa vive incandescence.
　Camargo libérée, danse en feu d'espérance,
　　En détricotant le réel sur l'air fameux
　De la prestidigitatrice au charme intense,
　Photographe à la rose, à l'objectif joyeux.

4 Enfance

Il y avait danse et rythme et musiques
L'horizon brillait, innocent, futur.
Les saisons passaient, jeux pataphysiques,
Il y avait danse et rythme et musiques.
Nous étions enfants joyeux, mirifiques,
Spectateurs d'un monde sans gris obscurs.
Il y avait danse et rythme et musiques
L'horizon brillait loin comme un futur.

Nous dessinions un monde où nos couleurs
Évoquaient des personnages baroques,
Nous nous imaginions explorateurs,
Nous inventions un monde où les couleurs
Dessinaient une carte sans douleurs.
De nos imaginations synecdoques,
Nous embrassions un monde où nos couleurs
Évoquaient des personnages baroques.

Il a fallu que de l'embarcadère,
Notre barque chavire au vieil esprit
En syncopant sa poétique impaire.
Il a fallu que vers l'embarcadère
Nous submerge cette vie brève amère,
Jeu de drame adulte, en absurde tri.
Il a fallu que de l'embarcadère
Notre barque navigue aux miels d'écrits.

5 L'art se parfume

L'art se parfume aux soirées qui s'égouttent,
Il regarde attentif étreint tes mains,
Cette sensation chantonne et tu doutes.
L'art se parfume aux soirées qui écoutent.
Une voix caresse et ses mots déroutent
Le désespoir vers l'espoir de demain.
L'art se parfume aux soirées qui écoutent,
Il regarde attentif et prend tes mains…

Il converse et bruisse en pages de goût
Il enfreint tes adieux Belle Personne.
Sa parole rêve un imagé doux,
Il converse, il bruisse en pages de goût,
Il écoute, il parle et va jusqu'au bout.
Ses promesses t'embrassent et résonnent,
Il converse et bruisse en pages de goût,
Il enfreint tes adieux Belle Personne.

Et tu vas sous la pluie, un rêve infuse
Au parfum d'un regard, vers les chansons
D'une tendresse en averse qui ruse…
Et tu vas sous la pluie et l'eau infuse,
Et converse et reflète et puis refuse
D'être un froid nostalgique à feux-frissons.
Et tu vas sous la pluie et rêve en Muse,
Au parfum d'un regard, à vos chansons…

6 Tu causes, tu brasses…

Tu causes, tu brasses, le rythme épouvantable
Tu courses tes bruits et tu notes l'occurrent.
Tu brosses la feuille elle s'écrit sur la table
Tu bricoles, brasses ta rime épouvantable.
Tu fouilles nos mémoires, la rime est notable,
Tu écris les fruits, tu boites, scripteur courant,
Tu causes, tu brasses, le rythme épouvantable,
Tu courses tes bruits et tu notes l'occurrent.

Il faudrait comparer le lecteur de mémoire
Avec le vent qui chuchote au creux des partis.
Il pourrait arriver qu'un naufrage en eau noire
S'exhausse à comparer le lecteur de mémoire,
Avec un acteur, avec un écho, loi noire,
Sous un projecteur qui découvre l'inter dit.
Il faudrait comparer le lecteur de mémoire
Avec le sang qui chuchote au vœu départi.

Tu causes, tu brasses, le rythme épouvantable
Tu courses tes bruits et tu notes l'occurrent
Tu brosses la feuille elle s'écrit sur la table
Tu bricoles, brosses ta rime épouvantable
Tu fouilles nos mémoires, la rime est notable
Tu écris les fruits, tu boites, clochard courant.
Tu causes, tu brasses, le rythme épouvantable
Tu courses tes bruits et tu notes l'occurrent.

7 Grammaire sévère ?

Une grand-mère sévère… ça n'existe pas !
Un violon qui joue un air tzigane ça existe,
En rythmant de zigzags une fin de long repas.
Mais une grand-mère sévère n'existe pas.
Les grands-mères, même dans les romans, sont sympas
Dans les feuilletons il arrive qu'un humoriste
Grogne en grand-mère sévère et ça ne marche pas
Seul un violon qui joue une danse hongroise existe.

Un roman bancal, sans meubles rococo baroques
Est-ce que ça existe, dis tonton, toi qui sais ?
Écoutez les enfants ça dépend. Des auteurs croquent
Un roman bancal, sans meubles rococo baroque,
D'autres écrivent des contes remplis d'Amerloques,
D'autres décrivent des salons très embarrassés :
Froissements de bal et danseurs rococo baroques
Flopées d'aquarellistes et grognons pâtissiers,

Mais les grammaires sévères, ça n'existe pas !
Un violon qui chante baroque parfois persiste
En rythmant de zigzags une fin de long repas.
Mais une grammaire sévère n'existe pas.
Les grammaires, même dans les drames, sont sympas
Dans les mauvais films il arrive qu'une humeur triste
Grince en grammaire amerloque et soudain patatras :
Un violoniste danse, rêve sourit, résiste.

8 L'aviette du père Noël

Mais… l'aviette du père Noël
N'a-t-elle au guidon qu'un seul phare unique ?
Ce brûlant vertige intellectuel
Agite Internet… et jusqu'à Noël,
Dans les miroitements habituels,
Fusera cette énigme volcanique :
Mais… l'aviette du père Noël
N'a-t-elle au guidon qu'un seul phare unique ?

Tout a déjà été écrit, mais rien
Sur le phare unique de l'aviette
Du père Noël… pour les grammairiens
Tout a déjà été écrit, mais rien
Sur l'aérophare antédiluvien.
Il a dégringolé aux oubliettes.
Tout a déjà été décrit, mais rien
Sur la lampe unique de l'aviette.

Rimeurs, rimez en l'air ça servira
(On ne sait pas à quoi, ce n'est pas grave)
Sur l'obscure aviette, on causera,
A-t-elle un phare ou deux et caetera ?
L'art prosodique se déchirera
Entre aviateurs et penseurs très graves.
Et la rime à la fin leur servira :
Ils diront qu'ils ont trouvé l'absent brave…

9 Pondérables silencieux

Quand les scies lancent leurs phrases
Les airs chutent, bris muets
De l'érable qui s'écrase.
Quand les scies lancent leurs phrases,
Le bois grince en antiphrase
Les copeaux volent fluets,
Quand les scies lancent leurs phrases,
Les airs chutent, bris muets…

Quand les silences trépassent
L'orchestre éclate en Berlioz,
En valse qui se délasse.
Quand les silences trépassent,
Soutenus des contrebasses,
La forêt bruyante explose.
Quand les silences trépassent
L'orchestre éclate en Berlioz.

Et le bois des violoncelles,
Fonds d'érable silencieux,
Joue sa valse en balancelle,
Au doigt des vies… aux sons d'elles,
Sous la scie très séquentielle
Des artistes sentencieux,
Zélés fous à violoncelles,
Pondérables silencieux.

10 Muets en contre-jour

Ils découpent leur contre-jour
En broderie de leurs branchages,
Se font réseau d'un long détour,
Ils découpent leur contre-jour
Cartographie un peu glamour
D'un long silence en paysage.
Ils découpent leur contre-jour
Sans ordre et rient, couleurs branchages.

Ces réseaux d'arbres, leur silence,
De quoi sont-ils les traducteurs ?
Est-ce d'antiques turbulences ?
Ces réseaux d'arbres, leur silence,
Ne sont-ils qu'ample somnolence
Ou long périple chahuteur ?
Ces réseaux d'arbres, leur silence,
De quoi sont-ils les traducteurs ?

Ils sont muets en contre-jour
Ils dessinent la carte abstraite
De chemins et de carrefours,
Ils sont muets en contre-jour,
Ils nous offrent les longs parcours
D'une promenade distraite.
Ils sont filets de trompe-jour
Livre de signe, escarpe abstraite.

11 Des mots qui rusent

Un spectacle émouvant, muet,
Des mots qui rusent et diffusent
Leur long silence au vaste effet.
Un spectacle émouvant, muet
Sous une lampe de chevet
Qui grésille en grandeur qui fuse.
Un spectacle émouvant, muet
Des mots qui chutent et diffusent

Leur état d'esprit insolite
Qui remue un rêve aux hasards
D'un nuage animé sans suite.
Un état d'esprit insolite
Rime étonnante à la va vite
Qui essaie d'être un reste d'art.
Un état d'esprit insolite
Qui remue un rêve aux hasards.

C'est juste un type avec un livre
Au cœur secret lisant assis.
Il ne hurle pas pour survivre,
C'est juste un type avec un livre
Quand les soirs froids glissent au givre.
Il joue silencieux son récit.
C'est juste un type avec son livre
Acteur muet, lisant assis.

12 Minutes de nonchalances

Dans les rythmes qui s'enchevêtrent
Tu erres, tu rêves, flâneur
Poétique, auditeur sans maître.
Dans les rythmes qui s'enchevêtrent
Tu crois soudain voir apparaître
Un philosophe, un raisonneur
Dans les rythmes qui s'enchevêtrent
Il erre où tu rêves flâneur…

Tu encres ta feuille en silence
D'une esquisse aux vastes détours
Elle évoque un arbre en vaillance
Tu encres ta feuille en silence,
En minutes de nonchalance,
Art baroque aux subtils retours
Tu encres ta feuille en silence
D'une esquisse aux vastes détours.

La plume gratte une blancheur
Un velouté de joies soyeuses
D'où surgit l'idée du graveur
La plume gratte la blancheur
Du labyrinthe déclencheur.
Par sa paresse périlleuse,
La plume gagne un jeu songeur
En chaloupés de joies soyeuses.

13 Treize

Ils sont muets ce matin, ils se taisent.
Le soleil s'est levé très en retard.
Ils sont de mauvaise humeur, ils sont treize.
Ils sont muets ce matin, ils se taisent.
C'est un long silence entre parenthèses,
Ils ne sont bavards que par le regard
Ils sont muets ce matin, ils se taisent,
Le soleil s'est levé très en retard.

C'est un mélange d'ombre et de lumière
Où se découpe un rythme en jeux de gris.
Ils sont élégants remplis de manières,
Dans leur savant jeu d'ombre et de lumière.
Le silence est un cahot dans l'ornière
Qui bouscule en décryptage amaigri.
C'est un mélange d'ombre et de lumière
Où se découpe en rythme un jeu de gris.

Entre les comiques froissements brefs
Aux timbres divers comme leurs brouillages,
Dans le balancement des couvre-chefs,
Entrent les soupirs, les froissements brefs,
Les sons imperceptibles sans reliefs.
Ils font percevoir leurs carambolages,
Treize académiques, faussement brefs,
Arts abstraits d'hiver sauvés d'être images.

Chapitre 4
Aux risques du vent
(personnages)

1 La maman de l'institutrice

L'institutrice a l'air un peu bizarre,
Se disent les garnements survoltés.
Quelle insolite rentrée se prépare ?
L'institutrice a l'air un peu bizarre…
Sa maman l'accompagne et contrecarre
Son cours… son premier jour est saboté…
L'institutrice a l'air un peu bizarre
Se disent les garnements, survoltés.

La maman de l'institutrice étonne,
Grimace incongrue. Que fait-elle ici ?
Sa présence absurde, encombre et détonne.
La maman de l'institutrice étonne
Avec son casque à plumes de dragonne,
Ses discours ardents, ses traits endurcis.
La maman de l'institutrice étonne,
Grimace incongrue, que fait-elle ici ?

La classe amusée s'agite et rigole
Devant cette burlesque apparition.
La maîtresse en tremble sur ses guiboles,
La classe amusée s'agite et rigole.
C'est un mythe soudain qui dégringole,
Gonflé de tissus de contradictions…
La classe amusée s'agite et rigole
Devant cette burlesque apparition.

2 Il y a des ponctuations de merle

Il y a des modulations de merle,
Mais aussi du rêve et des regards vifs.
Elle est méfiante et son émotion perle
Il y a des réfutations de merle.
Elle est scintillante, enlacée de perles.
Il a le regard timide et craintif,
Il y a des ponctuations de merle,
Mais aussi du rêve et des regards vifs.

Ils se sont rencontrés par hasard là,
Sur un quai des rives de la Moselle,
Elle a l'air pétillant, l'œil chocolat.
Ils se sont rencontrés par hasard là.
Que se passera-t-il donc ? il est las…
Las de l'amour des belles demoiselles.
Ils se sont rencontrés par hasard, là.
Sur un quai des rives de la Moselle.

Dans l'arbre, on entend discuter l'oiseau
Il commente la chanson des rues, hante
Un art moqueur du rythme des réseaux.
Dans l'arbre, on entend discuter l'oiseau.
Il scratche, on dirait un timbre nouveau
Imitant cet âpre urbain qui déchante.
Dans l'arbre, on entend ponctuer l'oiseau,
Il romance leur chanson, ému. Chante…

3 Juste un chapeau de travers

J'ai vagabondé comme un pétale,
Exilé de la rose, aux hasards,
Dans le vent dans la pluie qui détale.
J'ai vagabondé comme un pétale.
Il y a l'immonde aux voix fatales
Qui va tout gris, tout triste et sans arts,
Aigre orgue Hammond, désordre au pétale
Exilé de sa rose aux hasards…

Mais ouvrant ma porte à l'univers,
　J'ai franchi le seuil sans mes valises,
　Léger, juste un chapeau de travers,
　　En ouvrant ma porte à l'univers,
Me laissant flotter aux courants d'air,
　J'ai surpris un rire, un œil qui frise.
　　En ouvrant ma porte à l'univers,
　J'ai franchi le seuil, sans mes valises.

　Léger, juste un chapeau de travers,
　J'ai chanté la fleur qui tourbillonne.
　Rose ouvrait son cœur à l'univers.
　Et j'ai, juste un chapeau de travers,
　　Écouté sa cour tête à l'envers.
Troubadour qui pétille et bouillonne,
　　Léger jusqu'à la rose en travers,
　J'ai chanté la fleur qui tourbillonne.

4 La tiédeur

Je suis admiratif de la tiédeur
Quand le chaud ni le froid ne coexistent.
J'écrête le docile paradeur,
Je suis admiratif de la tiédeur.
Je m'endors à l'opéra, sa splendeur
Désenchante mon goût d'à peu-prèziste.
Je suis admiratif de la tiédeur
Je farde en fade l'ardeur fantaisiste.

Mon surmoi me pilote l'air affable
Mon moi, mon ça suivent préoccupés,
Le soir j'adore m'ennuyer à table,
Mon surmoi me pilote l'air affable.
Gris, je suis l'invisible de la fable,
J'évite le feu trapéziste huppé
Mon surmoi me pilote l'air affable
Mon moi, mon ça suivent préoccupés.

Je suis un virtuose de l'ennui,
Je jongle avec l'aube automnale et lente,
En savourant mon mi-mollet sans fruit
Je suis un virtuose de l'ennui.
L'aube tiède est un prélude à la nuit,
Le soir, la Muse d'Automne est dolente.
Je suis un virtuose de l'ennui,
Je jongle avec l'aube automnale et lente.

5 Auditeur

Je suis explorateur d'art fantaisiste
Je suis auditeur d'un jeu sans laideur,
Je suis un cygne auditeur pragmatiste,
Je suis explorateur d'art fantaisiste.
Je suis animal étrange et pianiste
Je suis admiratif d'accents porteurs,
Je suis un voyageur d'art fantaisiste
Je suis remueur de braise à splendeur.

Mon surmoi est intégré, discutable,
 À mon moi, mon ça ; il est fagoté
Comme un âne-poète, auteur de fables.
 Mon surmoi est intégré, discutable.
 Cet autoportrait est conte excusable,
 J'ai fait le choix d'être Argus exilé.
 Mon surmoi est intégré discutable,
 À mon moi, mon ça ; il est balloté…

Je suis un traducteur des bruits porteurs
 Je suis auditeur de claveciniste,
 Je suis attiseur de feu sans tiédeur,
Je suis un traducteur des bruits porteurs.
 Je ponctue, élucubre en amateur
 Je suis un amateur d'art fantaisiste
 Je suis admiratif des bruits porteurs
 Je suis auditeur de claveciniste…

6 Poète à la brouette

Je voulais juste être un poète
Alors j'ai sonné pour entrer ;
J'ai buté contre une brouette…
Je voulais juste être un poète ;
La brouette a dit je te souhaite
La bienvenue chez les lettrés.
Je voulais juste être un poète
J'ai forgé sonnets pour entrer.

Mais la brouette s'en fichait ;
Elle brouettait chez les muses
N'importe qui jusqu'au guichet ;
Car la brouette s'en fichait
De mes sonnets colifichets ;
Elle préférait qu'on l'amuse.
Car la brouette s'en fichait ;
Elle brouettait chez les muses…

Elle était juste un véhicule
Instable, un baroque appareil ;
Elle ignorait mes fascicules ;
Elle était juste un véhicule
Pour mes poésies minuscules ;
En ferraillant sous le soleil,
Elle était juste un point-virgule
Ingrat qui horloque* à l'oreille.

*horloquer (régionalisme) : verbe utilisé en Lorraine, signifie bouger en faisant du bruit. Ici le poète a voulu dire qu'un abus de points-virgules peut rendre les phrases bancales au risque de les faire tanguer, de même en va-t-il pour l'abus de brouette…

7 Frêle et festif

La mappemonde étonnée racontait
Un conte à neuf milliards de personnages
Remplis de rencontres qui caquetaient.
La basse cour étonnée racontait
Sa gigantesque épopée, inventait,
Hésitait, bégayait en bafouillage
De mappemonde étonnée, mais contait
Son conte à neuf milliards de personnages.

Ce théâtre est un café aux desserts
Espiègles d'invention, d'arlequinades,
Se disait l'un des neuf milliards (en vers)
Ce théâtre est un café aux envers
Époustouflant, à rêver si divers.
On y découvre une « démasquinade » :
Un feu d'âtre et la fée aux univers
Espiègles de vents de turlupinades.

Le frêle bonheur flotte sur leurs fronts,
Dans leurs yeux merveilleux, dans leurs sourires.
Ce frôle malheur festif lance affront
Au frêle bonheur ôté de leurs fronts,
Il reviendra sans prévenir, Gnafron
D'un théâtre égrené sur la lyre
Du frêle bonheur flottant sur leurs fronts,
Dans leurs yeux merveilleux, dans leurs sourires…

8 Il ruse avec l'horloge

Il dort avec l'alphabet à la bouche
Sur un parterre un peu japonais, niais.
Il flotte entre deux amours sans retouche,
Il dort avec l'alphabet à la bouche.
Il vit dans un château bancal et louche
Il rime écrit, il rêve en Balinais
Et dort avec l'alphabet à la bouche,
Sur un parterre un peu japonais, niais.

C'est un polyglotte endormi, superbe,
Un personnage à reconsidérer
Pour le replacer n'importe où dans l'herbe
Tout près d'une grotte, endormi superbe.
C'est un polyglotte assommant, acerbe.
Il dort immobile immense, assuré
C'est un polyglotte endormi, superbe,
Un personnage à reconsidérer.

Il ruse avec l'horloge en déroulant
Son roman impossible à raffiner.
Il phrase aux tympans des roucoulants
Il ruse avec l'horloge en déroulant
Le subjonctif imparfait aux nœuds coulants
Il rage avec l'orage imaginé
Il ruse avec l'horloge en déroulant
Son roman impossible à raffiner.

9 Bavards en chiens de faïence

Bavards, symétriques, chiens de faïence,
En mots bruyants, ils bavardaient au bar.
Ils argumentaient au bonheur la chance.
Bavards symétriques, chiens de faïence,
Ils truffaient leurs plaintes de défiance,
Ils échangeaient d'étincelants regards,
Bavards symétriques, chiens de faïence,
Abruptement, ils se parlaient au bar.

Ils bornaient de mots fleuris leur querelle,
Admirable broderie lexicale.
C'était une enguirlande intemporelle,
Ils ornaient de mots fleuris leur querelle,
Ils se défiaient, il s'aigrissait d'elle
Elle empirait saumâtre à sa focale.
Ils ornaient de mots fleuris leur querelle,
Admirable armurerie lexicale.

Il découpait tout ce qu'elle expliquait
En tout petits échos de médisances.
Il en faisait des châteaux de tickets,
Il découpait tout ce qu'elle expliquait.
Elle était acariâtre, il se moquait.
Leur vie bruissait de basse défiance,
Il découpait tout ce qu'elle expliquait
En confettis d'échos de médisance.

10 Au risque du vent

C'est sous sa dictée que surgit
Parfois sous l'écorce superbe
Un point qui chante sur le i…
C'est sous sa dictée que surgit
Ce i de l'idée de récit
Avec ses chapitres acerbes.
C'est sous sa dictée que surgit
Parfois cet écorché superbe…

J'aime l'écouter, l'admirer.
J'aime son goût du mot splendide.
Elle est belle au point d'empirer…
J'aime l'admirer, respirer.
Elle a du talent pour vibrer
Sur sa mandoline limpide
J'aime l'écouter, l'admirer
J'aime son souffle au jeu splendide.

Le bruit du bateau sans hélice
Nous emporte au risque du vent.
J'écoute son rire et sa malice.
Ce bruit du bateau sans hélice
Nous invite à l'étrange glisse
Entre virgule et paravent.
Le swing d'un tango sans hélice
Joue et flotte au rythme du vent.

11 L'intimidé silencieux

Dans les couloirs du métropolitain
Dans les tourbillons bruyants de la foule
Il avance en rêvant d'un air mutin
Dans les couloirs du métropolitain
Mutique original, mais incertain.
Il entend que ça grince, un métro roule
Dans les couloirs du métropolitain,
Dans les tourbillons grouillants de la foule.

Il regarde la voûte et puis trébuche
Contre une dame aux célestes yeux verts.
Il s'excuse, elle l'apostrophe : *Autruche,*
Qui regarde la voûte et puis trébuche
En marchant tête en l'air comme une cruche !
Tu pourrais garder tes hublots ouverts ?!?
Sous l'œillade il s'essouffle et puis trébuche
Aspirés par les célestes yeux verts.

Il reste silencieux, intimidé
Elle a de grands yeux verts si féériques.
Il a le filet de voix liquidé
Il est trop silencieux intimidé.
Il pense au ciel d'automne fatigué
En perdant le sens de sa rhétorique.
Le métro silencieux, intimidé
S'éloigne en chuintements électriques.

12 Silencieux amoureux

Toujours accrochée à sa branche
Malgré les assauts automnaux,
Elle aime d'amour qui ne flanche.
Encore accrochée à sa branche,
Elle résiste au vent qui tranche.
Elle combat la mort, les maux,
Encore accrochée à sa branche,
Malgré les assauts automnaux.

Belle et digne dame amoureuse
D'un vieillard aux beaux souvenirs.
Il boite un peu, la ride heureuse,
Fait signe à la dame amoureuse
D'une mimique savoureuse.
Ils vont, car l'hiver peut venir
Chez la digne dame amoureuse
Du vieillard aux beaux souvenirs.

Ils ne font pas de bruit, leur course
N'est plus un assaut carnassier.
Leur silence est une ressource.
Ils ne font pas de bruit, leur course
Est fuite, loin de cette source
De leur jeune amour vacancier.
Ils ne font pas de bruit, leur course
Fuit la guerre aux canons d'acier.

13 Celle dont la bravoure superbe

Toi dont le rêve est né dans une île
Brillante au soleil d'un ciel intense,
Sans égards aux profits projectiles.
Toi dont le rêve est né dans une île,
Attentive aux errances fragiles,
Aux fragiles humains, aux souffrances.
Toi dont le rêve est né dans une île,
Brillante au soleil, au ciel intense.

Toi qui négliges d'être célèbre,
Émouvante et secrète et tranquille.
Toi qui vas, traversant les ténèbres.
Toi qui ne veux pas être célèbre.
Toi dont le cœur bat loin de l'algèbre
Du financier mécaniste hostile.
Toi qui ne veux pas être célèbre,
Émouvante et modeste et tranquille.

Je te dédie aujourd'hui l'écho
D'un cœur qui bat toujours à l'adverbe,
Amoureusement, en jeux vocaux…
Je te dédie aujourd'hui l'écho
Des souvenirs heureux, musicaux.
Je brûle pour toi ce feu de verbes
Pour qu'il éclaire aujourd'hui l'écho
Du cœur de ta bravoure superbe.

Table des matières

Préface par Christian Robert............... page 5

Chapitre 1 Miroitements .... page 15

1 Hâte toi…............................page 16
2 L'humour grillon…............ …..........page 18
3 Faut-il brosser la virgule................... page 20
4 Un temps d'amoureux...................... page 22
5 Naissance du feuilleton..................... page 2
6 Plan pour un polar............................ page 2
7 L'art métrique encore neuf............... page 28
8 Je suis sociologue............................. page 30
9 Raturés silencieux............................. page 32
10 Équilibre.. page 34
11 L'alexandrin et les deux malandrins..... page 36
12 D'un seul saut................................. page 38
13 C'est donc ce jeu............................ page 40

Chapitre 2 Décors................... page 43

1 Coursiers d'art................................. page 44
2 Le crépuscule à la fin....................... page 46
3 Dentelle au baroque tissage.............. page 48
4 La couleur du miel........................... page 50

5 Juste un écho.................... page 52
6 Quand est-ce la poésie..................... page 54
7 Bruit qui danse.................... page 56
8 Vents, pluie, bourbiers..................... page 58
9 Le silence.......................... page 60
10 Si la banlieue…...............page 62
11 Décembre respire........................... page 64
12 Les soirs d'hiver............................. page 66
13 Cave au trucage exotique................ page 68

Chapitre 3 Danses, rythmes..... page 71

1 Le ciel est beaucoup trop haut.......... page 72
2 Souffle d'aile   ....page 74
3 Camargo libérée...............page 76
4 Enfance................................ page 78
5 L'art se parfume............................. page 80
6 Tu causes tu brasses............................. page 82
7 Grammaire sévère ?...........................page 84
8 L'aviette du père Noël...................... page 86
9 Pondérables silencieux...................... page 88
10 Muets en contre-jour...................... page 90
11 Les mots qui rusent.......................... page 92
12 Minutes de nonchalances................ page 94
13 Treize............................... page 96

Chapitre 4 Aux risques du vent..... p. 99

1 La maman de l'institutrice............... page 100
2 Il y a des ponctuations de merle...... page 102
3 Juste un chapeau de travers............ page 104
4 La tiédeur... page 106
5 Auditeur.. page 108
6 Poète à la brouette........................... page 110
7 Frêle et festif.................................... page 112
8 Il ruse avec l'horloge....................... page 114
9 Bavards en chiens de faïence........... page 116
10 Au risque du vent........................... page 118
11 L'intimidé silencieux...................... page 120
12 Silencieux amoureux...................... page 122
13 À celle dont la bravoure................ page 124

© 2022, Pierre Thiry
Édition : BoD – Books on Demand,
info@bod.fr
Impression : BoD – Books on Demand,
In de Tarpen 42, Norderstedt
(Allemagne)
Impression à la demande
ISBN : 978-2-3224-3633-0
Dépôt légal : Octobre 2022